작달비

윤명희 시집

저자 소개

저자 | 윤명희

1973년 전북 진안군 출생
전북대 사범대학 독어교육과 졸업
문학바탕 2023년 11월호(시인 등단)
『시와 에세이 19』 동인지 참여
한국문인협회 회원
(유)대한관광여행사 대표이사
전주성인교회 권사 시무

시인의 말

버킷리스트에 써놨던 한 줄의 소망이 현실이 되는 꿈을 꾼다.

살다 보니 이런 날도 있구나 싶어 눈물 난다.

부끄러움은 내 몫이다. 이런 것도 시라고 세상에 내놓기가 여간 민망한 게 아니다. 그 민망함을 이겨낼 수 있도록 격려해 주신 권희수 사수님과 곽혜란 대표님과 윤중일 선생님께 먼저 감사의 인사를 드리고 싶다. 그리고 나의 페이스메이커가 되어주셨던 최병현 문우님께 감사드린다.

그리고 누구보다도 내가 꿈을 버리지 않게 늘 응원해 준 나의 사랑 조승환 님께 이 책을 빌려 깊은 감사를 전하고 싶다.

작은 바람이 있다면, 이 책 안의 어떤 한 문장이라도 누군가에게 울림이 될 수 있다면, 그래서 주저앉은 마음을 일으키는 작은 위로가 되어줄 수 있다면 더 바랄 것이 없을 것 같다.

2025년 4월
저자 윤명희

윤명희 시집

작달비

문학
바탕

저자 소개	2
시인의 말	3

1부

라일락 꽃을 곁에 두고	12
나무와 당신	14
소나무와 구절초	16
古木의 禮	18
청단풍 아래 앉아서	21
대나무 숲길에서	22
복수초 앞에서	24
작달비	25
널 생각하면	26
더없이 좋은 아침	27
외사랑	28
채송화	29
너의 해라고 적어 놓을게	30
시작하지 않은 사랑에 이별을 고하며	32
마중	34
낭만	36
비밀	37
널 보내며	38
정상에서	39
아침 통화	41

2부

꽃무릇	44
이분법	46
시 한 줄의 나	47
그땐 몰랐지	48
반송 세 그루	50
슬픔아	52
사람 사는 일이	55
이른 아침 동틀 때	56
벚나무 아래에서	57
가을은 1	59
약속	60
살아갈 수 있는 이유	63
묘한 밤	64
쓸쓸함에 대하여	66
믹스커피를 마시며…	69
탄다는 것은	70
나는 1	71
단풍을 보며	72
좋은 사람의 기준	75
11월 어느 날 내리는 비	76

3부

내 방에서	81
무뎌져선 안 되는 것들	82
12월의 문턱에서	83
제주 바다	85
그러더구만	86
어느 날	88
때로는 이렇게 살아봄도 어떠리	90
길 위에서	92
얼굴 한번 보자고	95
토요일 오후 3시	96
흔적	98
복숭아나무	100
자암마을 끝집에서	102
가을앓이	105
보란 듯이	106
말로 무엇을 더 하랴	108
고민	109
귀한 인연	110
꽃무릇 있던 자리에	112
꽃밭에서	113
꽃한테 배웠지	114

4부

내가 나에게 보내는 시	118
눈 오는 창가에서	120
내 맘이 쓰레기 같았을 때	122
도시락	123
다짐 1	124
끝에 있는 것들은 다 희망입니다	127
너는 내게 꽃이었음을	128
마음꽃 1	130
마음이 나한테 하는 말	131
반주로 막걸리 한잔	132
복수초를 보고 와서	134
비 오는 새벽에	137
봄비 내리는 밤에	138
비 오는 스산한 날의 단상	140
슬며시라는 말이 좋아서	142
시간과 동행하며	145
잊혀진다는 게	146
칼의 노래	148
행복한가	150

작품해설

익숙한 의미 체계의 전복(顚覆)을 통한
새로운 미학적 시도(詩道)_민용태   154

1부

라일락 꽃을 곁에 두고

주인이 떠난 마당 담장 너머에
너 혼자 피었구나

밤새 쓸어내렸을 무서움이 그리움 되어
너의 가슴에 그렇게 순결하게 피어올랐구나
그렇게 휘몰아친 바람도, 비도
널 꺾지는 못했구나

널 두고 갔을 너의 주인도
밤새 잠 못 이뤘겠구나

너 홀로 곱게 피었더라고
바람에 향기를 실어 보내주마

"
너 홀로 곱게 피었더라고
바람에 향기를 실어 보내주마
"

나무와 당신

곧고 깊게 파인 결을 타고
밤새 흘러내린 당신의 이슬을
고이 받아
당신의 눈망울에 담아 드리리라.

그리움에
서러움에
밤새 물들어 아침이면 떨구고 말
잎사귀를 고이 주워
당신의 가슴에 넣어 드리리라.

추억하기에도 안타까운
잊기에도 눈물겨운
당신의 나이테를
머리맡에 놓아 드리리라.

당신의 수많은 가지마다
맺혀진 쓸쓸함을

꼭꼭 접어
밤하늘에 촘촘히 박아 주리라.

소나무와 구절초

녹아내린 당신의 가슴골과 눈물밭이 된
당신의 가슴밭이 참으로 슬퍼서
그토록 아름다울 수 없더이다.

눈물꽃 한 송이 송이마다 노랗게 응어리진
당신의 말 못한 가슴앓이들이
어찌 그리 선명한지 가슴이 아리더이다.

당신의 발아래 흐드러진 눈물밭에서
당신은 그 설움으로
그렇게 당당히 서 있으신 갭니까.

당신은 그렇게 높이 올라 하늘 이고 서서
하얀 눈꽃같이 흐드러진 당신의 눈물자국
무슨 회고를 하시는 갭니까.

행여… 후회하시는 갭니까.

지우고 지워도
또다시 피어날 이 눈물밭에 서서 당신은 어쩌시렵니까.
갈라지고
패이고
녹아내린
당신의 가슴골이 이제 휘어져
당신의 그 기상이 참으로 무상하더이다.

그러나
당신 발아래 피어난 구절초는
당신의 가슴밭에서 해마다 피우오리다.

지울 수 없는 상처라면
당신의 가슴밭에 하얀 눈물꽃으로
구절초라 불려지리이다.

古木의 禮

고목의 결을 타고
흘러내린 진액
한 방울 한 방울이
내를 이루어
면면히 흐르니
누가 이를 보고
그저 물이라 하랴

고목의 혼이
애가 되고
효가 되고
본이 되고
충이 되어
기어코 맥을 이루어
흘러가니 누가 이를 보고
그저 물이라 하랴

고목의 덕은
유유히 아래로
아래로 영원히
흘러가리라

청단풍 아래 앉아서

이제 그만
정신없이 쏟아져 내려가는 널
붙잡아 둔 이가 누구더냐
님 얼굴 보이듯 감질맛 나게
거기서 그렇게 매달려 나를 보는
너는 어떠하냐
나는 슬프고 애달프다
밤새 녹아내린 촛농처럼 내 몸도
녹아내릴 것 같으니
넌 너의 얄팍한 잎사귀 하나도
내 위에 떨구지 말아라
청청하게 그렇게 매달려있어 주라
나 님 그리워 휘청일 때
네가 님인냥 보러오마

대나무 숲길에서

내 한 생애 마치고 묻힐 때
이 여인의 마음 한켠만
같이 묻어달라고

행여 손이 닿을까 떨어져 걷고 있는
이 여인의 눈물 한 줌만
내 무덤 위에 뿌려달라고

얄궂은 마음이 걸음걸음
또닥또닥 그 여인의 발자국 소리마다
가슴에 걸리더라

나의 목마름은 겨울하늘처럼 청명한데
가을하늘인냥 떠가는 흰 구름이
야속하기만 하더라

2024. 12. 23.
천호성지 산책길에서

복수초 앞에서

눈을 녹이고 피어난 너처럼
나도 그이의 가슴을 녹이고
너처럼 한 떨기 꽃으로
피어나도 좋으련
너의 그 열기를 내게도
주지 않으련

작달비

성난 당신의 마음이
장대비가 되어
내 가슴에 내리는 날
어떻게 다독여야 하나
동동거리고 있을 동안
그의 눈물이 내 가슴을 파고
내를 이루어 흐르는구나!
둑조차 없는 내 가슴이
허물어져 허허벌판처럼
쓸고 지나간 눈물자국마다
하얀 안개꽃이 핀다.

널 생각하면

눈물 되어 나오지도 못할
달처럼 차오르지도 못할
내가 가리고 가려도 가려지지 않을
그 어떤 단어로도 표현하지 못할
그저 아픈
목에 걸린 가시

더없이 좋은 아침

내가 그림을 그릴 수 있다면
촉촉이 젖은 가을비 오는 아침
흰 캔버스에 파스텔 톤 유성물감으로
이 아침을 그려 너에게 주고 싶어

내가 노래를 지을 수 있다면
대지에 젖은 비를 오선 줄 삼아
음표로 그려 가을의 농염함을
이 아침 너에게 불러주고 싶어

난
너를 위한 시인이고 싶었어
이 좋은 아침을 너에게
선물할 수 있다면

외사랑

지난밤엔 내 창에 달빛으로
오늘 낮엔 내 꽃밭에 채송화로
퇴근길엔 내 하늘에 구름으로
오늘 밤엔 또 무엇이 되어 내게 오련
내가 잠들지 않고 기다리마
내 사랑아

채송화

키가 작다고 놀리든
허리가 낭창하다고 비웃든
잎이 작고 통통하다고 무시하든
마음에 담지 마 채송화야
너의 꽃은 아기 입술 같아
속상해서 다물어진 꽃잎이
햇살의 위로에 마음을 열었구나
잘했어
이제 웃어

너의 해라고 적어 놓을게

언제였을까
엊그제가 까마득하게 느껴져
365일 온전히 너의 해였어
오롯이 너로 뜨고 너로 졌어

니가 어둠이길 바랬어
그랬다면 밤새 널 안고 잠들 수 있었을까

넌 내게 해였어
아침이면 어디선가 떠올라 날 깨우고
밤이 되면 어디론가 사라지는
넌 내게 오롯이 해였어

널 안고 싶었어
너에게 가까이 가고 싶었어
난 아무것도 할 수 없었어
그저
난 네 아래에 살았고

네 아래에만 있을 수 있었고
숨을 곳도 도망칠 곳도 없었어

지난해는 온전히 너의 해라고 적어 놓을게
네가 있어 살았어
너의 해는 졌어
내 맘속에서만 넌 늘 내 해일 거야.

시작하지 않은 사랑에 이별을 고하며

내가 가진 가장 예리하고 날카로운 말로
심장을 찔렀다
만남과 동시에 이별은 정해져 있는 거겠지만
저마다 이별의 색은 다를 것인데
시작하지도 않은 사랑에 이별을 고하는 것은
표현하기 힘든 또 다른 어려움이었다
사랑하지 못해서 슬펐던 젊음도 아닌
사랑할 수 없어서 몸부림쳐야 했던 어른도 아닌
어정쩡한 늙음이 슬펐다

잠시 며칠 피었다 지는 상사화가 꽃이 지고 나서
그 잎은 왜 그리 무성하며
땅속의 구근은 또 왜 그리 많은지
꽃밭 전체가 다 상사화 구근으로 꽉 채워졌을 때
삽으로 파서 어마무시하게 많은
초록 이파리와 구근을 캐냈다
그렇게 어설프게 피었다 질 거면서
온 꽃밭만 차지할 구근을

온종일 캐냈다
차라리 내 앞에 피지도 말라고

시작하지 않은 사랑에 이별을 고할 수 있는 건
상사화 구근을 캐내서 버리는 거다
산에 있었어야 할 구근이 어쩌다 내 꽃밭에 찾아와서
차마 안 받아도 되는 설움인 것이다

마중

가는 맘을 자를 길이 없고
오는 맘을 막을 길이 없어
버선발로 나갑니다
어디메쯤 오시는지요

당신과 내가 만날 수 있는 마음의 길
어디쯤에서 기다려야 할지요

낭만

꼭꼭 숨어라
나오지 말아라
너는 세상에 나오는 순간
악마가 될 거야
그러니 나오지 마라
그 속에서만 넌 천사일 테니
어둠 속에 잠겨라
그대로 있을지어다

비밀

마음만 아는 건

부를 수 없는 그 무엇
말할 수 없는 그 무엇

어둠 속에 묻어 두어도
답답하지 않은
슬프지 않은

아무도 모르는
내 마음의 깊은 바다

널 보내며

이쁜 이별 바라는 건 욕심이다
떨어진 꽃잎이 생기 있길 바라는 건 미련함이다

보내줄 줄 아는 마음이 이쁜 거지
결코 이별이 이쁠 순 없다

정상에서

기어코 올라봤다
오기로 올라갔다
정상이라고 특별한 건 없었다
조금 더 힘들었을 뿐
그리고 다짐했다
앞으로 내가 오를 수 있는 만큼을
정상이라고 해야겠다고
나의 정상은 나만 알면 되고
나만 갔다 오면 되는 거라고

산의 꼭대기 어느메가 정상인지는
산만 알면 되는 걸로

아침 통화

명희냐? 명희지.
우리 명희지.
그렇지 명희지.

오늘 아침도 못내 그리운 아들 목소리가 아님을
알면서도 매일 확인하는 말

서러움 켜켜이 쌓여있어도
엄마 밤새 안부 궁금해서 하는 전화
오늘도 못내 참아온 눈물 핑 돌지만
엄마 내일도 말해줘

명희냐? 명희지.

2부

꽃무릇

니가 서 있는 길이 다 꽃길이라면
내가 널 향해 가는 이 길은 무슨 길이라고 할까

니가 그리움을 켜켜이 개서 꽃잎을 피웠다면
나는 너를 그리워해서 무엇을 지었을까

니가 기다림에 쇠잔해져서야 끝내 날 만난다면
나는 너에게 가서 뭐라고 해야 할까

니 꽃길이 내 밤길이었고 내 맘길이었다고
이제는 말해야 할까

2023. 09. 16.
일주일 만에 갔더니 모악산 올라가는 길에 꽃무릇이
벌써 많이 피고 지고 있어서 아쉬움에 적는다.

이분법

그가 준 건 사랑
내가 받은 건 상처

그가 준 건 선물
내가 받은 건 아픔

그와의 행복은 추억
불행한 기억은 그늘

시 한 줄의 나

피눈물 얼룩진 자국
빨간색으로 꽃을 그렸고

눈물 삼키며 내 가슴팍 멍
진녹색으로 잎을 붙였고

설움 토하며 찢은 내 살
갈기갈기 줄기를 이어

나에게 시 한 줄은
오롯이 나라는 나무였다네

그땐 몰랐지

꽃이 이쁘다는 걸
꽃보다 더 이쁘고 싱싱한
청춘이었을 땐
꽃이 보이지도 않았지

자식이 예쁘다는 걸
자식만큼 철없고 덧없던
신혼이었을 땐
내가 애인지도 몰랐지

고목에서 꽃이 필 때 알았지
꽃이 그다음 해 자식을 낳고
자식이 또 자식을 낳아
꽃이 피었을 때

눈물 나게 이쁘다는 걸
그땐 몰랐지

반송 세 그루

말을 해야 알지
누구 때문인지
무슨 연유인지

너의 잎이 초록을 잃어가고 있어서
지인이 알려준 대로
막걸리를 갖다가 부어주기를 여러 번

숨은 쉬고 있는지
너를 믿어야 할지
막걸리를 믿어봐야 할지
기다린 게 수개월

어쩐지 맘이 쓰여
너에게 가보니
초록이 싱싱한 잎에
빗방울이 방울방울
너의 늠름한 초록에

그만
탄성을 했네

와 너 살았구나!

슬픔아

아무도 몰래 첩첩 산 뒤에 던졌다
밤새 울었을까
어둠이 비켜 가기 전
무섭게 다시 올라오고 있었다

파란 하늘에 녹아버릴 설움을
빨갛게 안고 올라오는
내 슬픔아
너를 어떻게 버릴거나

너를 토하고 토해
강물에 풀어 던지면
흔적이 없어지려나

연자맷돌에 묶어 시퍼런
바다에 던지면
영영
가라앉으려나

검은
내 슬픔아

사람 사는 일이

사람 사는 일이
하늘은 이미 알아서
그저 구름 몰고 다니며 사는 걸까

사람 사는 일이
나무는 벌써 알아서
그저 산에 터를 잡고 사는 걸까

사람 사는 일이
강물은 이미 알아서
그저 모든 것 두고 흘러만 가는 걸까

사람 사는 일을
사람만 모르고
사는 걸까

이른 아침 동틀 때

소리 없이 흔적 없이 온 대지를 적시고도
아무것도 드러내지 않는 이슬

지 속에 있는 모든 것을 앗아가도
얼굴색 한번 바꾸지 않는 바다

너는 누구에게 무엇을 주고
무엇이 분해서
얼굴 가득 붉은빛이더냐

벚나무 아래에서

비릿했던 너의 연둣빛 눈짓을 시작으로
풍성하게 차오른 초록의 물기를 보이며

연분홍 치마를 휘날리고
진녹의 저고리를 입었던
너의 자태를 어찌 잊으랴

눈부시게 곱던 너는
너를 연모하게 했던 몸짓으로
무엇 때문에 이리도 허무하게
내려앉고 있느냐
너에게 묻고 싶다

가을은 1

자기가 시들어야 할 때임을 알고
스스로 시들 줄 아는

자기가 더 이상 붉어져서는 안 되는 때임을 알고
스스로 퇴색해질 줄 아는

자기가 더 붙어있지 않아야 하는 때임을 알고
스스로 떨어질 줄 아는

가을은
어설픈 성장보다
현명한 성숙을 아는 것들로
가득한 계절이다.

약속

우리가 언젠가 헤어져야 한다면
꼭 가을에 헤어지자
떨어지는 것들 사이에 섞여
우리만 티 나지 않게

우리가 언젠가 헤어져야 한다면
꼭 가을에 헤어지자
최소한 한 계절은 오롯이 혼자서
널 그리워할 수 있게

우리가 언젠가 헤어져야 한다면
꼭 가을에 헤어지자
시린 바람에도 눈물이 나니까
울어도 괜찮을 거야

우리 꼭 그러자.

"

우리가 언젠가 헤어져야 한다면

꼭 가을에 헤어지자

시린 바람에도 눈물이 나니까

울어도 괜찮을 거야

"

살아갈 수 있는 이유

피어오르는 것들은 다 사연이 있다
말할 수 없는 갖가지 사연들
강물에서 피어오르는 안개
굴뚝에서 피어오르는 연기

끓어오르는 무언가를 피어올려야만 하는 것
넘실대는 것은 넘치기 마련이니
내 안에 차오르는 것을 퍼낼 수 없어
피어올려야만 하는 것

다만, 피어오르는 것들은
이내 자취를 감춘다는 것
무엇으로 인해 피어올랐는지도 모르게
망각하게 하는 것
그러니 우리는 그 많은 사연들 속에서도
묵묵히
살아갈 수 있는 건지도 모르겠다

묘한 밤

달도 웃고
나도 웃고
하늘은 한옥마당에 내려와 앉고

우리들의 이야기는 은하수가 되어
어둠을 가르고
오작교가 되어
25년이란 시간을 만나고

너는 알고
나는 몰랐던
이야기들로
별들도 화들짝 놀랐던 밤

감출 것도 없이
부끄러운 이야기가
세상의 별이 되어
뽀얗게 다시 태어나는 밤

오늘은 묘한 밤
두 번째 이야기에서
세 번째 이야기가 기다려진다.

2023년 10월 마지막 밤을 대학 동기,
전체 해야 10명인 동기들이 25년 만에 다 만나서 모임을 한 날.

쓸쓸함에 대하여

묻고 싶은데
누구에게 물어야 할까요
어스름 저녁 시간에 이유 없이 밀려오는
쓸쓸함은 어디서 오는 건지
혹여 그 대답이 석양이었을까요

쓸쓸함이 무엇인지
누가 알까요
슬픔도 아닌
우울함도 아닌
차분한 마음속에서 유유히 흐르는
내 물음에 강물도 숨을 죽이고
되려 내 대답을 기다리네요

믹스커피를 마시며…

이거면 족하다
믹스커피 한 잔의 달달함
이거면 족하다

내 발아래 나뒹구는 낙엽
두서너 개면 족하다
낙엽이 이불 되어 푹신하게
날 덮어줄 필요는 없으니까

밟아야 하는 내 마음 한켠
덮어줄 낙엽 두서너 개
이거면 족하다

까맣고 영롱한 블랙커피 아니어도
개운한 끝맛 아니어도
묵직한 믹스커피 한 잔의 달달함
이거면 족하다

탄다는 것은

가을을 탄다는 것은 가을을 느끼고 있는 거다
커피를 타면서 커피향을 느끼고
가야금을 타면서 가야금을 느끼고
파도를 타면서 파도를 느끼고
애를 타는 것은 사랑을 느끼고 있는 거다

그러니
탄다는 것은 얼마나 감사할 일인가
내가 살아있음에 탈 수 있는 것
날 애태우는 당신을 이해할 수 있는 이유
가을을 타는 당신을 응원하는 이유

나는 1

날아가는 마음을 잡으려
뒤쫓는 내 몸뚱어리가
버겁다
마음과 몸이 사이좋게 손잡고
가면 얼마나 좋으련만

마음은 마음대로
몸은 몸대로
내 말을 듣지 않으니
난 어디에 편승할까

오늘도
철없는 마음을 잡으려
늙은 몸이 숨이 차다

단풍을 보며

저 노랑은
손을 뻗어도 닿지 않는
안타까움이 물들어서

저 빨강은
품을래야 품을 수 없는
뜨거운 그리움이 물들어서

저 초록은
내 눈짓에도 내 손짓에도
의연한 너의 절개가 물들어서

단풍이 되었구나

말하지 못한 간절한 마음들이
나무에 걸려 물드는 계절
단풍의 계절
너도 보고 있길 바래…

좋은 사람의 기준

좋은 사람인지 궁금할 때
어떤 사람이 좋은 사람이냐고 묻는다면
시간을 내주는 사람이라고 말하고 싶다

내가 가진 것을 내주는 일은
그리 어렵지 않을 수 있지만
나도 가지지 못해 아쉬운 시간을
나에게 내준다면
그 사람을 좋은 사람이라고 말하고 싶다

내게 시간을 내주는 사람
그리고도 그 시간을 채워주는 사람
채운 시간을 오래 같이하는 사람
그 사람이 좋은 사람이라고 말하고 싶다

11월 어느 날 내리는 비

별빛같이 부서져 내리는 비
뿌연 안개 속에서도 내겐 환하게
보이는 너의 얼굴 하나 달고
내 눈앞에 별빛같이 쪼개져 내리는 비

그리워서 너무 보고 싶어서
참고 또 참은 마음이
반짝반짝 부서져 내린다

며칠 동안 회색빛 속에 감춰두었던 우울함이
널 향한 그리움이었다는 걸
보여주지 않으려 했는데
이렇게 쏟아지면 어떻게 하니

아무것도 감추지 못한 부끄러움에
잿빛 되어버린 하늘 앞에
한없이 미안하게 만드는 비가 내린다

비굴하게도 말고
사납게도 말고
이렇게 이쁘게
쏟아버리자

3부

내 방에서

내가 오롯이 주인인 곳
책장도 내꺼
화장대도 내꺼
침대도 내꺼
나만 아는 것들로 가득한 곳

나밖에 몰라서
나만 기다리는
내 방

내가 불을 켜면
어둠은 줄행랑
반가움의 웃음이 한가득
기쁨의 환희가 한가득
우리는 왁자지껄 승리의 노래

무뎌져선 안 되는 것들

내가 왜 이렇게 무뎌졌을까
아닌 걸 알면서
머리를 저으면서
내가 그 길로 가고 있을 때
내 칼이 왜 이렇게 무뎌졌지
유연함이라고 합리화하면서
정작 베어야 할 것을 베지 못하는
칼이 내게 있을 때

나를 바꿀까
날을 갈을까

나의 우매함
나의 미련함
단칼에 벨 수 있기를
아니,
노쇠하여 단칼에 힘들다면
두세 번이면 자를 수 있기를

12월의 문턱에서

돌아가고 있다
내 꽃밭에 있던 채송화도
그네들이 왔던 땅속으로 사그러들었다
그토록 고왔던 빛은 내게 맡기고

돌아가고 있다
하늘을 유유히 횡보하던 구름도
비로 내려와 땅속으로 스미어 들었다
그토록 고왔던 자태는 내게 맡기고

돌아가고 있는 것들 사이에서
난 제자리에 멈춰섰다
나도 돌아가고 싶다
내가 가진 슬픔과 어둠은 돌려보내고
그네들이 맡긴 빛과 자태만 곱게 지니고
돌아가고 싶다

제주 바다

멀리 던지려 했어
내 안에 있는 무거운 것들
밤바다에 던지면 될 거 같았어
그런데 차마 그러지 못했어
내 것보다 더 무겁고 더 차갑고 더 외롭게
일렁이고 있는 바다를 그저 위로했지
낮에 찾아갔어
다시 던질까 고민했어
모래까지 비치는 옥색 바닷속에
도저히 나의 시커먼 것을 버릴 수가 없드라
초록빛 일렁이는 바다가 날 위로하대
넘 부끄러워 돌아섰어
제주도 바다에서

그러더구만

해보니 아무것도 아니더구만
가보니 볼 것도 없더구만
살아보니 별것도 없더구만
무엇이 그리 죽고 못 살아

그러니
살아
나 없어도

어느 날

바람 한 점에게 묻는다
감꽃 향기 나는 여인을
봤드냐고

감색 물들였다는
스카프 한 장 사서
산사를 내려오며

품에 낀 것이
바람인냥
그대인냥
심장이 시린 것이
팔순의 마음인지
열여덟 순정인지
모르겠더라

때로는 이렇게 살아봄도 어떠리

겨우내 가지 속에서 웅크리고 있다가
터져 나오는 새싹을 봤더냐
꽝꽝 얼어있던 땅속에서 숨죽이고 있다가
솟아난 풀을 봤더냐
이를 막을 수 있더냐

사랑아
너의 힘이 닿는 곳까지 가보자꾸나
너를 막아도 보았고, 뿌리쳐도 보았고,
외면도 해보았다만
내가 졌구나
흐르게 두자꾸나

기가 쇠하여 스스로 사그러질 때까지
제 몸 다 태워야 재가 되는 것같이
활활 타는 장작을 어찌 눈물로 끄랴
다 타고 재로 으스러질 때까지 기다려보자꾸나

물을 거슬러 흐르게 할 도리가 없고
시간을 되돌릴 수도 없고
흐르는 마음을 막을 길도 없으니
다리를 놓지는 못할망정 그저 제 좋을 대로 흐르게 두자

길 위에서

마음길 따라가기 어려워
내 발 내 손은 묶어두고
詩만 딸려 보냈더니
아니나 달라
눈물만 방울방울 달고 와서는
그러하니
내 詩는
눈물자국 위에 쓰여지더구만
얼마나 험하고 멀었으면
마음길 위에 뭐가 있었으려나
내 맘 나도 알 수 없으니
이정표도 경고표시도 없다네

얼굴 한번 보자고

그저 땅의 온기 속에 족해도 좋을 것을
얼굴 한번 보자고
그리도 발버둥 치고 나왔더냐
얼마나 힘들었을까
너의 몸이 터져서 싹이 나오기까지
너는 어떤 고통을 무슨 힘으로 참았느냐

얼굴 한번 보자고

너의 맘이 눈물겹다

토요일 오후 3시

설레는 시간
무엇을 해도 괜찮을
무엇을 해도 행복할
무엇을 해도 용서될 것 같은
마법 같은 시간

저수지 위에 햇살도 누워 잠시 쉬는
물오리도 언저리로 가서
햇살의 단잠을 깨우지 않는
고요와 배려와 사랑만 가득한 시간
시간으로 태어나서 이런 행운이 어디 있을까

엄마 젖을 배불리 먹고 곤히 잠든 아기처럼
새근새근 잠든 햇살 옆에 가서 살포시 누워본다

흔적

그저 바람이면 된다
어디서 불어와서 어디로 갔는지도 모르게
그렇지만 분명 나를 스쳐 갔으니
그저 바람이면 족하다
무엇을 바랄 것인가
보이지도 않게 나온 눈이 이렇게 커서
내게 그늘을 주고 있으니
그저 이 순간 내게 준 너의 위로면 된다
무엇을 원할 것인가
파란 하늘에 한 조각 구름처럼 떠 있다한들
누구에게나 주는 비 한 줄기이든
넌 나를 적시고 갔으니
무엇을 더 바랄 것인가
그러니 어느 한순간 우린 모든 걸 공유했으리라
하늘도 바람도 구름도 비도 나무마저도
우린 비밀을 간직하리니
나도 너희를 판단하지 않으리.

복숭아나무

애지중지 키워 시집보낸 딸내미
복숭아 좋아한다고
시장에서 제일 실한 나무 한 그루
밭 가에 심어 놓으시더니
아빠는 안 계시고
복숭아만 열려서

방울방울 달린 것이
내 눈물인지 아빠 맘인지
복숭아 한입 물고
한참을 그렁그렁

아빠 아파서 농약 한 번도 못 해줬는데
아빠도 심어 놓고 잊어버렸는데
어쩌자고 복숭아는 저리도 실하게 열려서
빛깔도 어찌 그리 고운지
딸내미 먹일 생각에 좋아했을
아빠의 맘이 익어서 그런 건지
아빠는 안 계시고
복숭아에 아빠 맘만 남아서
이것이 단 건지 쓴 건지
복숭아 한입 물고
한참을 그렁그렁

2024. 07. 10.
우리 회사 송과장이 몇 달 전 친정아빠
하늘나라 보내드렸는데 아빠가 심어놓으셨드라고 따온
복숭아를 직원들과 나눠 먹으면서 찡한 마음에 몇 자 적어서 남긴다.

자암마을 끝집에서

내 마음이 시골
마음이 사는 집은 시골집
지키는 이 없어도 장독대에 장은 익어가고
주인의 손때가 닿던 곳마다 번질거리고
대나무숲에 사는 바람이
느닷없는 발자국에 조잘거리느라 바쁘고
채마밭에 자라고 있는 배추 속에서 배부른 친구가
배춧잎 구멍으로 낯선 이를 엿보는
내 마음이 사는 시골집

누구의 마음이었는지 흩날린 곳마다
꽃무릇이 제각기 고개를 내밀고 인사하고
앙상하나 가녀리지 않고
투박하나 정갈한
높은 지조 아래 살던 고운 이의 낮은 지붕

더벅머리 같은 주목 옆에
새초롬한 향나무도 의좋게 지내는

엄마의 마음이 울타리처럼 둘러져
모든 것을 키우고 있는 시골집
내 마음이 사는 집이 시골집

가을앓이

내년 봄을 기약할 수 없는 이들에게
이 가을은 애리다
볕이 이리도 좋은 날엔 가슴이 시리다
옛사랑의 그리움 때문이 아니라
오늘 내 가슴속에 있는 이를 볼 수 없을까 싶어
이 가을의 낭만이 마냥 슬프다
볕 좋은 창가에서 편지를 쓸 수 있는 그대는
세상을 다 가진 자임을 아는지
내가 너를 갖는다는 건 그런 거였음을
그대는 행여 짐작이나 하는지

나는 내 방식대로
너는 너의 습관대로
가을을 앓고 있으리라

보란 듯이

앙상한 내 몸에 살이 되어버렸는가
너로 인해 받은 상처와
너 때문에 쌓여진 슬픔과
그럼에도 피어오르던 그리움까지 더해서
순백같이 되어버린 눈꽃

보란 듯이
그럼에도 이렇게 빛나노라
그럼에도 이렇게 정결하노라
그럼에도 이렇게 당당하노라
말하고 있는
눈꽃

그저 보이지 않았을 뿐
넌 고스란히 그렇게 내 몸의 살로 남았다고
그럼에도 아무 때나 보이지 않고
이렇게 온 세상 꽁꽁 얼어붙을 때
보란 듯이

순백으로 온몸을 드러내는 너
너는 눈꽃

2025. 02. 07.
눈이 엄청 와서 눈꽃이 너무 이뻤던 아침 출근길 단상

말로 무엇을 더 하랴

말로 무엇을 더 하랴
그립다는 말로 다 토해낼 수 없는 것을
무슨 말로 하랴
어떤 때는 들고 나는 호흡처럼
내 안에 들어와 있고
어떤 때는 영혼처럼 스며들어 있어서
내가 너로 사는 것 같은 것을
뭐라 말로 전하랴

만나자고 연락도 못 하는 것을

무엇을 더 말하랴

고민

지나갈 바람이었을까
왔다 갔어야할 썰물이었을까
쏟아져야만 했을 소나기였을까
피고 지었어야만 했을 이름 모를 들풀이었을까
베어도 뽑아도 또 나올 잡초였을까

뭐였을까

도대체

넌

귀한 인연

뜨겁게 타버렸다면
아무것도 남겨지지 않았을 것을
그토록 오랜 시간
그리워하며 태우는 마음의 불꽃은
어디서 연유한 걸까
오래 오래 태우기 위해
그렇게 밤을 쌓아두었던 걸까

밤을 태워서 덥히는
마음의 아랫목은
새벽녘까지 따스하다.

"
밤을 태워서 덥히는
마음의 아랫목은
새벽녘까지 따스하다.

"

꽃무릇 있던 자리에

가을바람과 실컷 놀아나고
코끝에 이는 바람 칼칼하여
어여뻤던 니 생각에 산에 올랐더니
새침한 너의 모습 오간 데 없고
너의 향기 한 움큼도 남겨놓지 않고
날 기다리면서 서 있던 니 자리마다
초록비단 이부자리 깔아놓고
발 디디는 걸음마다 니 생각만 나게 하니
얄궂은 이여
늦바람 난 이내 늙은 몸을
모악산 계곡물이 비웃으며 흘러가네

꽃밭에서

이쁜 마음을 묻어 둔 곳엔
꽃이 피었다
미운 마음을 묻어 둔 곳엔
풀이 났다
아침마다 풀을 뽑는다
내일 아침엔 꽃이 나겠지

꽃한테 배웠지

마음을 잘랐을 뿐인데
온몸이 아프다

장미에게 물었지
넌 내가 몸을 잘랐는데
어디가 아프던

그녀가 그러대
난 나의 전부를
너에게 다 줘서
아픔을 느끼지 못했어

아 그랬구나
난 아마도 너에게 다 주지 않아 아픈가보다

4부

내가 나에게 보내는 시

보이지 않아서
들리지 않아서
정말 몰랐어
이렇게 이슬비처럼 스며드는 것도
사랑일 수 있겠구나 이제야 알았어

호주머니에서 꺼내 펼친 손바닥에 놓여진
사탕 두개가 내 눈에 들어왔을 때

번지던 내 미소가 사랑이었구나
나만 몰랐구나

분명 나 혼자 걷고 있는데
옆에 나란히 걷고 있는 것 같은
누군가의 간절한 기도로 물들어 있던 단풍나무 길을
다시 찾아가 걸으면서 알았네
마음이 마음을 그렇게 물들였다는 것을
아니, 어쩌면 그의 기도가 있기 전에
단풍이 물들기 전에
내 마음이 먼저 물들고 있었는지도
모르겠구나

눈 오는 창가에서

바람처럼 추억이 흩날리는 날
뿌연한 흐린 기억 속에서
이루지 못한 사연들의 하얀 몸짓
시린 가슴벽에 부딪혀 내린다
켜켜이 품고 품어 둔
잊어버린 듯한 하얀 눈 꽃송이
유리창에 부딪혀 내 안에 내린다
그래,
활짝 핀 꽃이라고 떨어지고
못다 핀 꽃봉오리 안 떨어지던가
눈 꽃송이도 녹아내리는 것을

내 맘이 쓰레기 같았을 때

금방 버리고 왔는데 돌아와 보니 또 한가득이다.
말랑하고 맛있고 귀한 것이 들어있던 박스는
더 크고 더 두껍고 더 딱딱했다.
맛난 건 다 먹고 남은 건 다 쓰레기가 되었다.
돌아서서 생각했다.
말랑하고 귀하고 좋았던 마음… 그것만 내 안에 담고
그걸 담고 있었던 포장지는 버렸어야 하는데
그 마음을 싸고 있었던 포장지는 어디에 버렸을까.
내 맘 어딘가에 쓰레기로 쌓여있을까.

사우나에서 세신을 했다. 때밀이다.
가만히 누워있으면 내 몸 구석구석 낀 때들을
깨끗하게 씻어주셨다.
돌아누워 생각했다.
따따불로 드릴 테니 내 마음에 낀 때도 좀 닦아주셨으면 좋겠는데
내 맘에 붙어있는 때는 어떻게 되어 있을까.

도시락

곤로 위에 후라이팬 놓고
묵은김치 쫑쫑 양파 쫑쫑
들기름 한 스푼 설탕 반 스푼

두 개는 둘째오빠꺼
두 개는 막내오빠꺼
두 개는 내꺼

나란히 나란히 맞춰놓고
좋아서 미소 한 움큼
계란후라이까지 올려줄 수 있는 날은
좋아할 오빠 생각에 웃음 한 바가지

다짐 1

한철 푸지게 푸르렀으니
시듦도 견뎌야지

뜨겁게 쏟았으니
그 잔해쯤 돌이 된들 어떠리

작열하던 해도 지는데
마음껏 사랑했으니
헤어짐은 또 어떠리

불꽃같이 산 인생
사그라질 때 고통쯤은 견뎌야지

정든 님 나 미워져서
돌아서는 뒷모습쯤은 견뎌야지

내가 누린 모든 것들아
내가 누렸음에 모든 것을 견뎌주리라

푸지게 : 전라도 사투리, '매우 많아서 넉넉하게'라는 뜻

끝에 있는 것들은 다 희망입니다

감나무 끝에 홍시가 있어서
찬바람에도 새가 나무를 찾아오고
무서리를 맞고도 끝까지 피는 다알리아가 있어
겨울은 길을 재촉합니다.

지치고 힘든 하루 끝에 당신이 있어
난 당신 음성을 듣고 다시 힘을 냅니다.
오늘도 파이팅을 외치게 하는 당신이 있어
난 내일도 내가 살아있음을 전할 수 있습니다.

육지의 끝에 바다가 늘 있듯이
내 삶의 끝에 당신이 있을 것을 알기에
난 늘 희망이 있습니다.

희망은
시작에 있는 게 아니고
끝에 있는 건가 봅니다.

너는 내게 꽃이었음을

너는 예뻐야 한다
어느 사내에게도 주지 않는 내 마음 주었으니
너는 찬란해야 한다
꽃이란 숙명으로 넌 내게 왔으니
내 마음 한 자락 그렇게 피웠다가
장렬히 돌아가야 하는 것

너는 내게 꽃이었음을
네가 간 뒤에야 깨닫는다

"

너는 내게 꽃이었음을
네가 간 뒤에야 깨닫는다

"

마음꽃 1

고작 사계절 지나면 떨어질
마음꽃을 피운다고
눈물로 물을 주고
볕 구멍 없는 곳에 햇빛 같은
소망을 주고 널 키웠구나

인연이란 뿌리를 발견했을 때
그때 고캥이로라도 파서 그 뿌리
캐내 불살라 버렸어야 할 것을
뿌리인 줄 모르고 키웠구나

세상 무용한 꽃 같으니라고
어둡고 습한 그곳에 피운
곰팡이 같은 마음꽃
언제나 그랬을 것인데
떨어져 묻힐 그 마음이
누구의 것인지 왜 이렇게 낯설그나

마음이 나한테 하는 말

커피 한잔 하자는 말은 궁금하다는 다른 표현
당신과 마주 앉아
당신의 촉촉한 눈빛을 보고 싶다는 바램
지나다 들르라는 소리는 보고 싶다는 다른 표현
밤새 생각한 사람인데 행여 부담 가질까봐 하는 배려

같이 산책하고 싶은 이가 있다면
그건 그와 손잡고 걷고 싶다는 내 맘
내 심장의 고동소리를 들키고 싶지 않다는 내 맘
당신을 볼 수 있다는 희망이 내 심장을 뛰게 한다고
말하고 싶은데 참고 있는 내 맘

새벽안개 같은 것인 것도 알고
허무한 꽃 같은 것인 것도 알고
시들어 사라질 풀 같은 것인 것도 알고
버려질 작년 카렌다 같은 것인 것도 알면서
그럼에도 불구하고
돋아나는 아침해 같은 내 맘

반주로 막걸리 한잔

울아빠
365일
막걸리를 마시더만

아빤 감기도
안 걸리셨었을까
감기보다 독한
어떤 사랑이
아빠 맘에 있었던 걸까

혼자 밥을 먹다가
막걸리 한잔 생각나서
막걸리를 따르면서 생각하네
감기 기운이 있어
안 먹어야지 생각했다가
기어코 한 잔을 따라 놓고
생각하네

울아빠에겐
감기도 이길 수 없었던
어떤 가시가 목에 걸려있었던 걸까

복수초를 보고 와서

아침이슬을 머금은 애호박을 따다가
찌개를 끓였더니 그 싱싱함이 익어 버려서 슬펐거든
눈을 맞고 피어나 있는 너를
내 시에 갖다 넣으면 네가 녹아 없어질 거 같았어
널 우연히 보고 온 날, 잠을 설쳤네
안 쓰려고 애쓰다가 이제야 널 쓴다
시 안에 녹아드는 너는 물러지지도
으깨어지지도 않을 거야
너답게 그렇게 피어있을 걸 알았어
너의 경이로움이
눈 속에 파묻혀 있어도 피워낸
너의 씩씩함이
그 당당함이
그대로 이 안에 있어 줄 것을 믿어

2025. 03. 18. 화.
완주군 경천면 소재 불명산 화암사 근처
복수초 군락지라는 곳을 처음 가본 날.
3월인데 아침부터 눈이 펑펑 와서 쌓여있었고
복수초가 눈 속에서 노랗게 보였다.

비 오는 새벽에

노란 우산 하나로 나는 병아리가 된다
빨간 우산 하나로 나는 장미꽃이 된다

거세게 퍼붓는 비가
사랑의 몸짓 되어
흠뻑 적시는
아직 어둠 가시지 않은 아침

그저 내가 그 우산을 택함으로
나는 오늘 그대에게
한 떨기 장미가 된다.

봄비 내리는 밤에

가꿀 수도 없고
키울 수도 없고
닿을 수도 없는
부질없는 마음들이
분분히 흩어져
땅에 떨어지고
나도 꽃이라고
아우성 칠 것이던가

너의 이름은 뭐니라고
조용히 묻고 싶은
누구의 마음이 이렇게 차갑게
얼어붙어 겨우내 땅속에 있다가
꽃으로 피웠드냐고
가만히 다가가 위로하고 싶은
풀꽃이 만발할
그날이 오라고
이 밤 슬며시 봄비가 오네

2025. 02. 28.
제주도에서 봄비 내리는 밤에 단상.

비 오는 스산한 날의 단상

가을비가 온다
아니 겨울비가 온다고 해야 한다
난 가을을 아직 보내지 못한 듯
이 비가 가을비라고 우기고 있다
춘삼월 핀 꽃 위에도 눈이 와서 꽃이 경악할 터
단풍도 이제 겨우 하루이틀 봤는데
바람 거세게 불고 눈이 흩날리고 비가 오니
야속하기 그지없네

어느 시인은 사랑하던 그 자리에 또 바람 불고
비가 오겠지요 하며
가을비라 하는데
그렇게 받아들이고 고운 시가 나오드만은
속 좁은 나는 추억이라 하지 못했다
이 비가 그걸 아는 거다
나더러 푸석한 먼지 같은 내 마음 추스르라고
차가운 바닥 같은 나에게 비를 내리고 있는 거다
내가 겨울을 맞을 준비가 됐을 때
나도 추억할 수 있을 때
이 비를 나도 가을을 그리워하는 겨울비라 부를 거다

슬며시라는 말이 좋아서

별안간
느닷없이
갑자기
생각나는 맘은
거친 마음

슬며시 드는
맘은
고운 마음
맑은 시냇물 속에 흐를 거 같은
마음

달빛이 슬며시 비치듯
가을이 슬며시 오듯
그렇게 고운 무엇으로
당신께 닿기를 바라는
마음

시간과 동행하며

내가 어렸을 땐 너보다 빨랐어
너보다 앞서가서 너의 앞모습을 보며
널 기다렸지

내가 너와 손잡고 갈 수 있었을 땐
니가 날 기다려줬음 좋았을 걸
넌 날 업고 가더구나

너의 걸음이 더 빨라진 건
내가 가벼워져서겠지
하지만 너도 지칠 때가 올 거야
그때 날 내려줘
우리 그땐 마주 보고 인사하며
안부를 묻자꾸나

잊혀진다는 게

하늘이 무겁게 내려앉은 아침
누군가에게 잊혀진다는 게
얼마나 쓸쓸한 일이기에
하늘마저 어깨를 떨구는가

얼마나 많은 낮과 밤을 같이 지낸
나무는 때가 되면 저렇게 알아서
제살 같은 잎사귀를 땅으로 보내고

묻고 사는데
그렇게 의연하게 자리를 지키는 너는
밤새 하늘의 넋두리를 들어줬으리라

그럼에도
오늘 아침 하늘의 어깨는 이만치 내려앉아
나의 어깨 위로 쏟아지고 고스란히
하늘의 무게를 지고 간다

누군가에게 잊혀진다는 게
얼마나 쓸쓸한 일이기에

칼의 노래

징징징… 칼 울음 소리가 들렸다
내 안에서 울고 있었다
내 마음이 가는 길을 자를 수 없어서 울었고
허기진 내 안의 칼이 내 마음속에서 울었다
내 육체의 생이 다 하는 날
내 주인 앞에 엎드려 고백하리라

당신이 아니었다면
진정코 당신이 아니었다면
나는 주인을 배신하고라도
휘두르고 싶은 칼이 있었다고
그에게 가까이 가고 싶은 욕망이 차오를수록
내 안에서 그 칼이 울었다고

행여 그의 몸에 생채기라도 낼까
한 발자국 뒤로 물러섰을 때 그는 내 칼 위에서
더욱 빛나고 있었다고
아슬아슬한 그 언저리에서

그의 미소가 번져나가는 것을
보면서 또한 안도했었다고
상처를 내지 않을 가장 가까운 거리에서
칼 위에 비치는 그의 모습은
내 칼을 가루로 부수어
그가 바라보고 있는 바다 한 자락의
은빛 물결에 실려 보내도
아깝지 않을 만큼 아름다웠다고
내 주인에게 고백하리라.

김훈 님의 「칼의 노래」를 읽고 쓴 시

행복한가

막걸리 한잔 부딪치고
행복하다고 하셨다

오는 내내 그 말이 떠나지 않았다
난 행복하다고 말한 적이 있던가

입에 담아보지 않았던 말을
귀에 담고 오는 길
내 마음에 길은 얼마나 깊어서
내 짧은 혀로 길어내지 못한 말
행복하다

작품해설

작품해설

익숙한 의미 체계의 전복(顚覆)을 통한 새로운 미학적 시도(詩道)

민용태(고려대 명예교수, 스페인 왕립한림원 위원)

 윤명희 시인은 언어의 관습적 구사에 대한 문제의식을 바탕으로, 시적 발화의 새로운 지평을 탐색한다. 기성 시단의 익숙한 의미 체계의 전복을 통해 독자에게 감각적 충격과 사유의 공감을 유도한다. 그의 시어는 일상의 파편적 이미지와 내면의 심층 감수성을 교차시키며, 언어와 사물 사이의 불확실한 간극을 시화하고 있다. 이러한 미학적 실험은 단순한 형식적 파격을 넘어 시가 현실을 인식하고 전유하는 방식 자체를 근본적으로 재구성하려는 태도에서 비롯된다. 그는 오늘의 시문학에서 가장 역동적이고 자기반성적인 언어 실천을 보여주는 드문 사례로, 동시대 시의 형식과 내용을 제시하는 중요한 텍스트를 생산하고 있다.

그런 만큼 윤명희 시인의 시는 기존의 기성시에 묻혀 가지 않는 순수성이 발견된다. 윤명희 시인만의 시세계를 따라가 보기로 한다:

하늘이 무겁게 내려앉은 아침
누군가에게 잊혀진다는 게
얼마나 쓸쓸한 일이기에
하늘마저 어깨를 떨구는가

얼마나 많은 낮과 밤을 같이 지낸
나무는 때가 되면 저렇게 알아서
제 살 같은 잎사귀를 땅으로 보내고
묻고 사는데
그렇게 의연하게 자리를 지키는 너는
밤새 하늘의 넋두리를 들어줬으리라

그럼에도
오늘 아침 하늘의 어깨는 이만치 내려앉아

나의 어깨 위로 쏟아지고 고스란히
하늘의 무게를 지고 간다

누군가에게 잊혀진다는 게
얼마나 쓸쓸한 일이기에

- 「잊혀진다는 게」 전문

  사랑의 끝은 슬픔이 아니라 잊혀짐이다. 이것을 윤명희 시인은 빈 어깨의 무거움이라고 말한다. 그보다 "하늘이 무겁게 내려앉는다"고 말한다. 그래서 잊혀지는 것은 "하늘의 어깨를 지고 가는" 일이란다. 나무들이 잎사귀를 다 떨구고, 아니면 "제 살 같은 잎사귀를 땅으로 보내고/묻고 사는데/그렇게 의연하게 자리를 지키는 너는/밤새 하늘의 넋두리를 들어줬으리라"는 시인의 성찰에는 아픔을 넘어 깨달음의 경지가 보인다. 대단히 훌륭한 이미지이다. 어떻게 보면 모든 것이 다 끝나는구나 하는 느낌이 잊혀지는 일은 마지막에 오는 쓸쓸함이다.

  아르헨띠나 유명한 시인 호르헤 루이스 보르헤스(Jorge Luis Borges)는 시 "무명시인(Poeta menor)"이라는 시에는 득도에 가까운 위안을 주는 망각의 아픔을 노래한다:

결국은 다 잊혀지는 것
나는 좀 일찍 도착했다
La meta es el olvido
Yo he llegado un poco antes

윤명희 시인의 상처와 아픔은 뼈에 사무친다. 어느 눈 내리는 날 아침의 단상을 보자:

앙상한 내 몸에 살이 되어버렸는가
너로 인해 받은 상처와
너 때문에 쌓여진 슬픔과
그럼에도 피어오르던 그리움까지 더해서
순백같이 되어버린 눈꽃

보란 듯이
그럼에도 이렇게 빛나노라
그럼에도 이렇게 정결하노라
그럼에도 이렇게 당당하노라
말하고 있는
눈꽃

그저 보이지 않았을 뿐

넌 고스란히 그렇게 내 몸의 살로 남았다고
　　그럼에도 아무 때나 보이지 않고
　　이렇게 온 세상 꽁꽁 얼어붙을 때
　　보란 듯이
　　순백으로 온몸을 드러내는 너
　　너는 눈꽃

　-「보란 듯이」 전문

　상처도 아픔도 다 잊고 "보란 듯이/순백으로 온몸을 드러내는 너/너는 눈꽃"이란다. 윤 시인에게 눈과 눈꽃은 사랑의 깊은 상처를 숨기고 잊고 일부러 "보란 듯이", 아무렇지도 않다는 듯이, "이렇게 온 세상 꽁꽁 얼어붙을 때" 의연하게 내리는 미소 같은 거란다. "보란 듯이/그럼에도 이렇게 빛나노라/그럼에도 이렇게 정결하노라/그럼에도 이렇게 당당하노라/말하고 있는/눈꽃"은 시인과 동일시된다.

　윤명희 시인이 이토록 의연하고 참한 것은 어쩌면 순박한 "시골내기"여서인지도 모른다. 시인은 "내 마음이 시골", 즉 시가 사는 마을이라고 말한다. 고향을 그리는 그녀의 "자암마을 끝집에서"라는 시를 보자:

내 마음이 시골
마음이 사는 집은 시골집
지키는 이 없어도 장독대에 장은 익어가고
주인의 손때가 닿던 곳마다 번질거리고
대나무숲에 사는 바람이
느닷없는 발자국에 조잘거리느라 바쁘고
채마밭에 자라고 있는 배추 속에서 배부른 친구가
배춧잎 구멍으로 낯선 이를 엿보는
내 마음이 사는 시골집

누구의 마음이었는지 흩날린 곳마다
꽃무릇이 제각기 고개를 내밀고 인사하고
앙상하나 가녀리지 않고
투박하나 정갈한
높은 지조 아래 살던 고운 이의 낮은 지붕

더벅머리 같은 주목 옆에
새초롬한 향나무도 의좋게 지내는
엄마의 마음이 울타리처럼 둘러져
모든 것을 키우고 있는 시골집
내 마음이 사는 집이 시골집

― 「자암마을 끝집에서」 전문

"지키는 이 없어도 장독대에 장은 익어가"는 곳이 시가 사는 곳이다. "투박하나 정갈한/높은 지조 아래 살던 고운 이의 낮은 지붕"에서 시인이 자란다.

"더벅머리 같은 주목 옆에/새초롬한 향나무도 의좋게 지내는/엄마의 마음이 울타리처럼 둘러져/모든 것을 키우고 있는" 집이 시가 크는 곳이다. 높은 지조와 향을 지키고 사는 일이 시를 짓는 마음이다.

그래서 시를 쓰는 윤명희의 자세는 좌선에 가깝다. "토요일 오후 3시"는 모든 사람의 휴식 시간이면서 시인이 명상에 빠지는 시간이다:

설레는 시간
무엇을 해도 괜찮을
무엇을 해도 행복할
무엇을 해도 용서될 것 같은
마법 같은 시간

저수지 위에 햇살도 누워 잠시 쉬는
물오리도 언저리로 가서
햇살의 단잠을 깨우지 않는

고요와 배려와 사랑만 가득한 시간
시간으로 태어나서 이런 행운이 어디 있을까

엄마 젖을 배불리 먹고 곤히 잠든 아기처럼
새근새근 잠든 햇살 옆에 가서 살포시 누워본다

- 「토요일 오후 3시」 전문

　이 시는 수도자의 명상처럼 편안하고 넉넉해서 좋다. "색즉시공(色卽是空)"이라고 하지 않았던가? 속세의 시간이 열반이다. 우리는 때때로 어느 "토요일 오후 3시" 같은 일상 속에 이런 "마법의 시간"을 발견한다. 구태여 찾아서 찾은 게 아니다. "무엇을 해도 괜찮을/무엇을 해도 행복할/무엇을 해도 용서될 것 같은" 아무렇지도 않은 그저 그런 시간이다. 그럴 때 이런 시간이 온다. "저수지 위에 햇살도 누워 잠시 쉬는" 한 순간. 이것은 낚시꾼의 한가하지만 의도가 있는 기다림이 아니다. "물오리도 언저리로 가서/햇살의 단잠을 깨우지 않는" 자연의 자연스러운 스스로의 "배려"가 돋보이는 시간이다. "고요와 배려와 사랑만 가득한 시간/시간으로 태어나서 이런 행운이 어디 있을까". 특히 마지막 구절 "시간으로 태어나"라는 추상 이미지의 "태어남" 같은 의인화, 구상화가 뛰어나다. 이런 표현은 이미지 수사법이 많이 숙련된 시인임을 보여준다. 이런 이미지즘은 자연 중에 가장 순수한 "엄마 젖을 배불리 먹고 곤히 잠든 아기"의 모습이다. 그것이 다시 "새근새근 잠든 햇살"이란다. 그것을 흉내 내서 "옆에 가서 살포시 누워본다" 자연의 명상을 본 딴 가장 차원 높은 명상!

그래서 윤명희 시인의 시는 학교나 강의에서 배운 것이 아니라 자연 사랑에서 배운 것이다. 그녀의 시도(詩道)를 보자:

마음길 따라가기 어려워
내 발 내 손은 묶어두고
詩만 딸려 보냈더니
아니나 달라
눈물만 방울방울 달고 와서는
그러하니
내 詩는
눈물자국 위에 쓰여지더구만
얼마나 험하고 멀었으면
마음길 위에 뭐가 있었으려나
내 맘 나도 알 수 없으니
이정표도 경고표시도 없다네

-「길 위에서」 전문

  대도무문(大道無門)이다. 무슨 문이나 이정표가 따로 있으랴. "내 발 내 손은 묶어두고/詩만 딸려 보냈더"란다. 눈물방울, 눈물자국, 고생이 시도수련(詩道修練) 아니겠는가? 마음 닦기는 길이 멀어도 포기할 수 없다. 인생이 고생길이라고 삶을 그만두랴?
  살다 정말 힘들 때는 "제주 바다"를 보러간다:

멀리 던지려 했어
내 안에 있는 무거운 것들
밤바다에 던지면 될 거 같았어
그런데 차마 그러지 못했어
내 것보다 더 무겁고 더 차갑고 더 외롭게
일렁이고 있는 바다를 그저 위로했지
낮에 찾아갔어
다시 던질까 고민했어
모래까지 비치는 옥색 바닷속에
도저히 나의 시커먼 것을 버릴 수가 없드라
초록빛 일렁이는 바다가 날 위로하대
넘 부끄러워 돌아섰어
제주도 바다에서

- 「제주 바다」 전문

아픈 사랑, 아픈 인연 버리려 제주 바다에 갔다. 제주 밤바다에 모든 것 다 버리려고… 그런데 "내 것보다 더 무겁고 더 차갑고 더 외롭게/일렁이고 있는 바다를" 발견한다. 바다에 비하면 내 고독과 아픔은 넘 작았지. 그래서 "넘 부끄러워 돌아섰어"라고 고백한다. 그 고난 속에서도 "초록빛 일렁이는 바다"에 나의 그 무겁고 시커먼 번뇌를 버릴 수는 없었단다. 이 얼마나 아름다운 시인의 마음인가? 시인은 생각한다:

사람 사는 일이
하늘은 이미 알아서
그저 구름 몰고 다니며 사는 걸까

사람 사는 일이
나무는 벌써 알아서
그저 산에 터를 잡고 사는 걸까

사람 사는 일이
강물은 이미 알아서
그저 모든 것 두고 흘러만 가는 걸까

사람 사는 일을
　사람만 모르고
　사는 걸까

　-「사람 사는 일이」 전문

　시인은 하늘에게서, 나무에게서, 강물에게서 사람만 모르고 있는 것을 배운다. 세상사는 다 구름이라고 하늘에게서 배운다. 더러는 다 잊고 산에 가서 터를 잡고 사는 것이 좋다고 나무에게서 배운다. 그보다 강물에게서 그전 모든 것 다 두고 흘러가자고 하는 충고를 듣는다. 시인은 이렇게 자연을 관찰하고 느끼고 배우고 또 가을에게서 본을 받는다:

　자기가 시들어야 할 때임을 알고
　스스로 시들 줄 아는

　자기가 더 이상 붉어져서는 안 되는 때임을 알고
　스스로 퇴색해질 줄 아는

　자기가 더 붙어있지 않아야 하는 때임을 알고
　스스로 떨어질 줄 아는

가을은
어설픈 성장보다
현명한 성숙을 아는 것들로
가득한 계절이다

- 「가을은 1」 전문

가을에게서 현명하게 익어가는 법을, 현명하게 성숙해가는 지혜를 배운다. "어설픈 성장"이나 우쭐대기보다는 그냥 가만히 내려놓고 떨어지는 미덕도 배운다. 욕심을 버리고 "믹스커피" 한 잔은 또 어떤가?

이거면 족하다
믹스커피 한 잔의 달달함
이거면 족하다

내 발아래 나뒹구는 낙엽
두서너 개면 족하다
낙엽이 이불 되어 푹신하게
날 덮어줄 필요는 없으니까

밟아야 하는 내 마음 한켠

덮어줄 낙엽 두서너 개
　　이거면 족하다

　　까맣고 영롱한 블랙커피 아니어도
　　개운한 끝맛 아니어도
　　묵직한 믹스커피 한 잔의 달달함
　　이거면 족하다

　　-「믹스커피를 마시며…」 전문

　그저 스스럼없이 여기저기 섞여서, "믹스커피 한 잔의 달달함/이거면 족하다". 아니면 "내 발아래 나뒹구는 낙엽/두서너 개면 족하다". 이걸로 덮고 추위와 외로움을 덜면 되니까. 풍경은 시인이 "살아갈 수 있는 이유를" 말해준다:

　　피어오르는 것들은 다 사연이 있다
　　말할 수 없는 갖가지 사연들
　　강물에서 피어오르는 안개
　　굴뚝에서 피어오르는 연기

　　끓어오르는 무언가를 피어올려야만 하는 것

넘실대는 것은 넘치기 마련이니
내 안에 차오르는 것을 퍼낼 수 없어
피어올려야만 하는 것

다만, 피어오르는 것들은
이내 자취를 감춘다는 것
무엇으로 인해 피어올랐는지도 모르게
망각하게 하는 것

- 「살아갈 수 있는 이유」 부분

윤명희 시인은 사랑하는 "너"를 위해서 시인이 되고 싶었단다:

내가 그림을 그릴 수 있다면
촉촉이 젖은 가을비 오는 아침
흰 캔버스에 파스텔 톤 유성물감으로
이 아침을 그려 너에게 주고 싶어

내가 노래를 지을 수 있다면
대지에 젖은 비를 오선 줄 삼아
음표로 그려 가을의 농염함을

이 아침 너에게 불러주고 싶어

난
너를 위한 시인이고 싶었어
이 좋은 아침을 너에게
선물할 수 있다면

-「더없이 좋은 아침」전문

우리가 사는 자연에 곱고 예쁜 게 많아서, 꼭 너에게 전해주고 싶은 게 많아서 나는 화가가 되고 시인이 된다. 너무 기분이 좋으면 사랑하는 사람이 생각나듯이, 아니면 미당 서정주 님처럼 "눈이 부시게 푸르른 날은/그리운 사람이" 더 그리워서 시인이 되고 싶은 것. 이 얼마나 참한 마음인가?

때로는 사랑하는 사람을 아프게 하고 성나게 하기도 한다. 그러면 "작달비"가 온다:

성난 당신의 마음이
장대비가 되어
내 가슴에 내리는 날

어떻게 다독여야 하나
동동거리고 있을 동안
그의 눈물이 내 가슴을 파고
내를 이루어 흐르는구나!
둑조차 없는 내 가슴이
허물어져 허허벌판처럼
쓸고 지나간 눈물자국마다
하얀 안개꽃이 핀다.

- 「작달비」 전문

사랑하는 사람과의 대화와 감흥의 심상(心象)이 아름답게 묘사되어 있다. 이미지란 바로 이런 경우에 가장 적절하게 구현된다. 예를 들어 "그의 눈물이 내 가슴을 파고/내를 이루어 흐르는구나!" 같은 시표현은 감동의 파문을 대단히 아름답게 그리고 있다. 그 바람에 "둑조차 없는 내 가슴이/허물어져 허허벌판"이 되고, 거기 떨어진 "눈물자국마다/하얀 안개꽃이 핀다"는 교감의 이미지는 일품이다.

이런 묘한 사랑의 교감은 "묘한 밤"에서 절정에 이른다:

달도 웃고
나도 웃고
하늘은 한옥마당에 내려와 앉고

우리들의 이야기는 은하수가 되어
어둠을 가르고
오작교가 되어
25년이란 시간을 만나고

너는 알고
나는 몰랐던
이야기들로
별들도 화들짝 놀랐던 밤

감출 것도 없이
부끄러운 이야기가
세상의 별이 되어
뽀얗게 다시 태어나는 밤

오늘은 묘한 밤
두 번째 이야기에서
세 번째 이야기가 기다려진다.

-「묘한 밤」 전문

사랑의 이야기가 더욱 구체적이었으면 더 좋았을 밤하늘 이미지들이다. 하늘이 한옥마당에 내려와 앉은 장면이라든지, "우리들의 이야기는 은하수가 되어/어둠을 가르고/오작교가 되어/25년이란 시간을 만나"는 이미지는 참 아름답다. 무엇이 그리 놀라웠는지 "별들도 화들짝 놀랐던 밤"이란다. 이런 이야기는 독자의 공감을 불러일으키기 위해 보다 실감 나는 스토리와 이미지의 연결이 효과적이기도 하다.

나이 들다 보면 더러 쓸쓸해지는 것이 인생이다. 그때 시인은 말한다:

묻고 싶은데
누구에게 물어야 할까요
어스름 저녁 시간에 이유 없이 밀려오는
쓸쓸함은 어디서 오는 건지
혹여 그 대답이 석양이었을까요

쓸쓸함이 무엇인지
누가 알까요
슬픔도 아닌

우울함도 아닌
차분한 마음속에서 유유히 흐르는
내 물음에 강물도 숨을 죽이고
되려 내 대답을 기다리네요

- 「쓸쓸함에 대하여」 전문

첫 연에서 "혹여 그 대답이 석양이었을까요"라고 "석양"의 이미지를 끌어온 것은 대단히 적절하다. 인생이 저물어가는 느낌과 "석양"은 그 서글프고 붉은 마음까지 마음에 와 닿기 때문이다. 거기에 다시 강물의 이미지를 가져오는 것은 그 연결이 묵시적이어서 좋다. "슬픔도 아닌/우울함도 아닌/차분한 마음속에서 유유히 흐르는/내 물음에 강물도 숨을 죽이고/되려 내 대답을 기다리네요"라는 시표현은 시간의 흘러감의 느낌을 야단스럽지 않은 동양철학적 체감으로 묘사한 것이 일품이다.

다음 "탄다는 것은"이라는 시는 대단히 다채로운 이미지를 "탄다"는 말로 이끌어 "느낌"으로 조합시키는 시법이 기발하다:

가을을 탄다는 것은 가을을 느끼고 있는 거다
커피를 타면서 커피향을 느끼고

가야금을 타면서 가야금을 느끼고
파도를 타면서 파도를 느끼고
애를 타는 것은 사랑을 느끼고 있는 거다

그러니
탄다는 것은 얼마나 감사할 일인가
내가 살아있음에 탈 수 있는 것
날 애태우는 당신을 이해할 수 있는 이유
가을을 타는 당신을 응원하는 이유

- 「탄다는 것은」 전문

   1연에서 "파도 타기"와 "애를 타는" 사랑의 마음을 잇는 것이 놀랍고 아름답다. 거기에 그 느낌에 감사함을 느끼는 윤 시인의 사려 깊은 성찰은 깊어서 더욱 뛰어나다. 그리고 마지막에 "날 애태우는 당신을 이해할 수 있는 이유/가을을 타는 당신을 응원하는 이유"로 끝내는 것은 윤 시인의 시 쓰기가 이미 어느 경지에 이르렀음을 증명하는 대목이다.
   윤명희 시인의 시는 가끔 센티멘탈리즘에 젖은 말랑한 감상조가 나오기도 한다. 그러나 그것도 젊은 한때. 시간이 가고 나이가 들다 보면 다 익고 여물어지는 법.

더 많은 시간이 흐른 다음에 반추해보면 그래도 그때가 참 좋았지 하는 감응에 잠기기도 한다.

앞으로 좋은 시들이 많이 나오리라 기대가 크다. 이번 첫 시집이 문학의 마중물이 되어주길 바라며 좋은 시집 출간을 축하한다.

작달비

초판 1쇄 발행일 2025년 5월 11일

지은이 윤명희
펴낸이 곽혜란
편집장 김명희
디자인 김지희

도서출판 문학바탕
주소 (07333) 서울시 영등포구 여의대방로 379 제일빌딩 704호
전화 02)545-6792
팩스 02)420-6795
출판등록 2004년 6월 1일 제 2-3991호

ISBN 979-11-93802-21-2 (03810)
정가 18,000원

* 이 책의 저작권은 저자에게 있으며 이 책의 전부 또는 일부를 이용하시려면 저작권자의 서면동의를 받아야 합니다.
* 이 책은 국립중앙도서관, 국회도서관 홈페이지에서 검색 가능합니다.
* 문학바탕, 필미디어는 (주)미디어바탕의 출판브랜드입니다.